Impressum
Verlag: BABADADA GmbH, Nedderfeld 112 , 22529 Hamburg
Geschäftsführer / Verlagsleitung: Harald Hof
Druck: Books on Demand GmbH, In de Tarpen 42, 22848 Norderstedt

Imprint
Publisher: BABADADA GmbH, Nedderfeld 112 , 22529 Hamburg, Germany
Managing Director / Publishing direction: Harald Hof
Print: Books on Demand GmbH, In de Tarpen 42, 22848 Norderstedt, Germany

osztályterem
el aula

oszt
dividir

186/2

asztal
el pizarrón

tanár
el maestro

iskolaudvar
el patio de la escuela

papír
el papel

írni
escribir

toll
la birome

íróasztal
el escritorio

vonalzó
la regla

könyv
el libro

tanuló
el alumno

iskolatáska

la mochila

tolltartó

la caja de lápices

ceruza

el lápiz

ceruzahegyező

el sacapuntas

radír

la goma de borrar

képes szótár

el diccionario visual

rajzfüzet

el bloc de dibujo

rajz

el dibujo

ecset

el pincel

festőkészlet

la caja de pinturas

olló

la tijera

ragasztó

el pegamento

munkafüzet

el cuaderno de ejercicios

házi feladat

la tarea

szám

el número

összead

sumar

kivon

restar

szoroz

multiplicar

számol

calcular

betű

la letra

ABC

el alfabeto

szó
la palabra

szöveg
el texto

olvasni
leer

kréta
la tiza

tanóra
la lección

napló
el cuaderno de clase

vizsga
el examen

bizonyítvány
el certificado

iskolai egyenruha
el uniforme escolar

oktatás
la educación

enciklopédia
la enciclopedia

egyetem
la universidad

mikroszkóp
el microscopio

térkép
el mapa

papír-hulladék gyűjtő
el tacho de basura

4

hotel
el hotel

szállás
el hostel

valutaváltó iroda
la casa de cambio

bőrönd
la valija

autó
el auto

nyelv
el idioma

igen/nem
sí / no

rendben
Está bien

szia
hola

fordító
el traductor

köszönöm
Gracias

mennyibe kerül...?

¿cuánto cuesta...?

nem értem

No entiendo

probléma

el problema

Jó estét!

¡Buenas tardes!

jó reggelt!

¡Buenos días!

jó éjszakát!

¡Buenas noches!

viszontlátásra

adiós

útirány

la dirección

poggyász

el equipaje

táska

el bolso

hátizsák

la mochila

vendég

el invitado

szoba

la habitación

hálózsák

la bolsa de dormir

sátor

la carpa

turista információ	strand	hitelkártya
la información turística	la playa	la tarjeta de crédito
reggeli	ebéd	vacsora
el desayuno	el almuerzo	la cena
jegy	lift	bélyeg
el pasaje	el ascensor	el sello
határ	vám	nagykövetség
la frontera	la aduana	la embajada
vízum	útlevél	
la visa	el pasaporte	

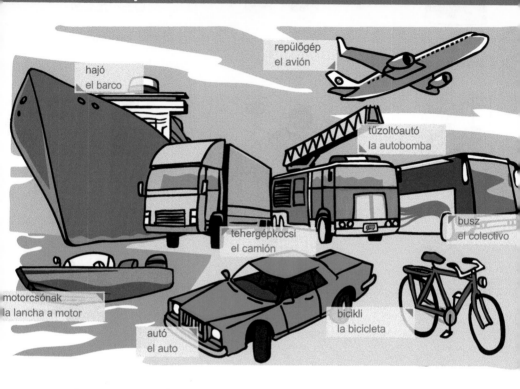

repülőgép
el avión

hajó
el barco

tűzoltóautó
la autobomba

busz
el colectivo

tehergépkocsi
el camión

motorcsónak
la lancha a motor

bicikli
la bicicleta

autó
el auto

komp

el ferry

csónak

el bote

motorkerékpár

la moto

rendőrautó

el patrullero

versenyautó

el auto de carreras

bérautó

el auto de alquiler

telekocsi

el alquiler de autos

vontató

la grúa

szemetes autó

el camión de la basura

motor

el motor

üzemanyag

la nafta

benzinkút

la estación de servicio

közlekedési tábla

la señal de tránsito

forgalom

el tránsito

forgalmi dugó

el embotellamiento

parkoló

el estacionamiento

vonatállomás

la estación de tren

sínek

las vías

vonat

el tren

villamos

el tranvía

vagon

el vagón

helikopter
......
el helicóptero

repülőtér
......
el aeropuerto

torony
......
la torre

utas
......
el pasajero

konténer
......
el contenedor

kartondoboz
......
la caja de cartón

taliga
......
la carretilla

kosár
......
la canasta

felszáll / leszáll
......
despegar / aterrizar

város
la ciudad

falu
......
el pueblo

városközpont
......
el centro de la ciudad

ház
......
la casa

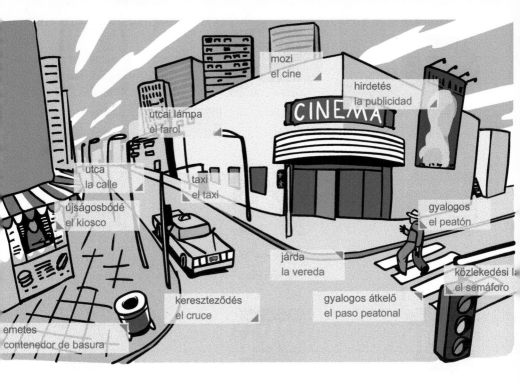

mozi
el cine

hirdetés
la publicidad

utcai lámpa
el farol

CINEMA

utca
la calle

taxi
el taxi

újságosbódé
el kiosco

gyalogos
el peatón

járda
la vereda

közlekedési l
el semáforo

kereszteződés
el cruce

gyalogos átkelő
el paso peatonal

emetes
contenedor de basura

kunyhó

la cabaña

lakás

el departamento

vonatállomás

la estación de tren

városháza

la municipalidad

múzeum

el museo

iskola

el colegio

egyetem

la universidad

bank

el banco

kórház

el hospital

hotel

el hotel

gyógyszertár

la farmacia

iroda

la oficina

könyvesbolt

la librería

üzlet

el negocio

virágüzlet

la florería

szupermarket

el supermercado

piac

el mercado

áruház

las grandes tiendas

halárus

la pescadería

bevásárló központ

el centro comercial

kikötő

el puerto

park
el parque

pad
el banco

híd
el puente

lépcső
las escaleras

metró
el subte

alagút
el túnel

buszmegálló
la parada del colectivo

bár
el bar

étterem
el restaurante

postaláda
el buzón

utcatábla
el letrero

parkoló óra
el parquímetro

állatkert
el zoológico

uszoda
la pileta

mecset
la mezquita

gazdálkodás
la granja

környezetszennyezés
la contaminación

temető
el cementerio

templom
la iglesia

játszótér
los juegos infantiles

szentély
el templo

táj
el paisaje

levél
la hoja

útjelző tábla
el poste indicador

út
el camino

rét
la pradera

kő
la piedra

fa
el árbol

túrázó
el excursionista

folyó
el río

fű
la hierba

virág
la flor

völgy
el valle

domb
la montaña

tó
el lago

erdő
el bosque

sivatag
el desierto

vulkán
el volcán

kastély
el castillo

szivárvány
el arco iris

gomba
el champiñón

pálmafa
la palmera

szúnyog
el mosquito

légy
la mosca

hangya
la hormiga

méhecske
la abeja

pók
la araña

bogár
el escarabajo

béka
la rana

mókus
la ardilla

sündisznó
el erizo

nyúl
la liebre

bagoly
la lechuza

madár
el pájaro

hattyú
el cisne

vaddisznó
el jabalí

szarvas
el ciervo

rénszarvas
el alce

gát
la presa

szélturbina
el aerogenerador

napelem
el panel solar

éghajlat
el clima

pincér
el mozo

menü
el menú

szék
la silla

leves
la sopa

pizza
la pizza

evőeszköz
los cubiertos

terítő
el mantel

előétel

la entrada

főétel

el plato principal

desszert

el postre

italok

las bebidas

étel

la comida

üveg

la botella

gyorsétel

la comida rápida

gyorsétel

la comida callejera

teás kanna

la tetera

cukortartó

la azucarera

adag

la porción

eszpresszógép

la cafetera expreso

bárszék

la sillita alta

számla

la cuenta

tálca

la bandeja

kés

el cuchillo

villa

el tenedor

kanál

la cuchara

teáskanál

la cucharita

szalvéta

la servilleta

pohár

el vaso

tányér

el plato

leveses tányér

el plato hondo

csészealj

el plato

szósz

la salsa

sószóró

el salero

borsőrlő

el molinillo de pimienta

ecet

el vinagre

étkezési olaj

el aceite

fűszerek

las especias

ketchup

el kétchup

mustár

la mostaza

majonéz

la mayonesa

szupermarket
el supermercado

különleges ajánlat
la oferta especial

ügyfél
el cliente

tejtermék
los lácteos

bevásárló kocsi
el changuito

gyümölcsök
la fruta

hentes

la carnicería

pékség

la panadería

nyom valamennyit

pesar

zöldség

las verduras

hús

la carne

fagyasztott áru

los alimentos congelados

felvágott
los fiambres

konzerv
los alimentos enlatados

mosópor
el detergente en polvo

édességek
las golosinas

háztartási termék
los electrodomésticos

tisztítószerek
productos de limpieza

eladó
la vendedora

pénztárgép
la caja

eladó
el cajero

bevásárló lista
la lista de compras

nyitva tartás
el horario de atención

levéltárca
la billetera

hitelkártya
la tarjeta de crédito

zacskó
la cartera

műanyag zacskó
la bolsa de plástico

víz

el agua

gyümölcslé

el jugo

tej

la leche

kóla

la bebida cola

bor

el vino

sör

la cerveza

alkohol

el alcohol

kakaó

el cacao

tea

el té

kávé

el café

eszpresszó

el café expreso

kapucsínó

el cappuccino

banán

la banana

alma

la manzana

narancs

la naranja

sárgadinnye

el melón

citrom

el limón

sárgarépa

la zanahoria

fokhagyma

el ajo

bambusz

el bambú

hagyma

la cebolla

gomba

el champiñón

magvak

las nueces

nokedli

los fideos

spagetti

los tallarines

rizs

el arroz

saláta

la ensalada

sült krumpli

las papas fritas

sült burgonya

las papas fritas

pizza

la pizza

hamburger

la hamburguesa

szendvics

el sándwich

hússzelet

el churrasco

sonka

el jamón

szalámi

el salame

kolbász

la salchicha

csirke

el pollo

pecsenye

el asado

hal

el pescado

zabkása
los copos de avena

müzli
el muesli

kukoricapehely
los copos de maíz

liszt
la harina

croissant
la medialuna

zsemle
el pancito

kenyér
el pan

pirítós kenyér
la tostada

keksz
las galletitas

vaj
la manteca

túró
la cuajada

sütemény
la torta

tojás
el huevo

tükörtojás
el huevo frito

sajt
el queso

jégkrém

el helado

cukor

el azúcar

méz

la miel

lekvár

la mermelada

mogyorókrém

la pasta de chocolate

curry

el curry

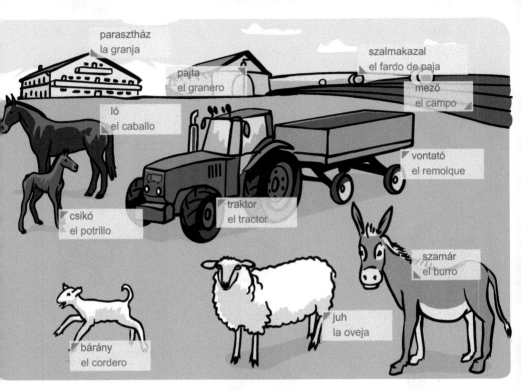

parasztház
la granja

pajta
el granero

szalmakazal
el fardo de paja

mező
el campo

ló
el caballo

vontató
el remolque

csikó
el potrillo

traktor
el tractor

szamár
el burro

bárány
el cordero

juh
la oveja

kecske
la cabra

tehén
la vaca

borjú
el ternero

malac
el cerdo

kismalac
el lechón

bika
el toro

liba

el ganso

kacsa

el pato

csibe

el pollo

tojó

la gallina

kakas

el gallo

patkány

la rata

macska

el gato

egér

el ratón

ökör

el buey

kutya

el perro

kutyaház

la cucha

kerti öntözőcső

la manguera

öntözőkanna

la regadera

kasza

la guadaña

eke

el arado

sarló
la hoz

kapa
la azada

vasvilla
la horquilla

fejsze
el hacha

talicska
la carretilla

teknő
el abrevadero

tejes kancsó
la lechera

zsák
la bolsa

kerítés
la verja

istálló
el establo

üvegház
el invernadero

talaj
el suelo

vetőmag
la semilla

trágya
el fertilizador

cséplőgép
la cosechadora

szüretelni

cosechar

betakarítás

la cosecha

yamgyökér

las batatas

búza

el trigo

szója

la soja

burgonya

la papa

kukorica

el maíz

repcemag

la semilla de colza

gyümölcsfa

el árbol frutal

manióka

la mandioca

gabona

las cereales

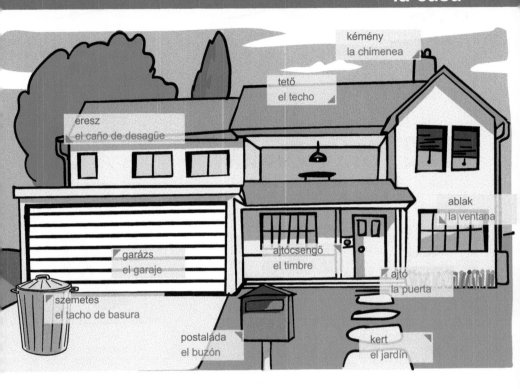

kémény
la chimenea

tető
el techo

eresz
el caño de desagüe

ablak
la ventana

garázs
el garaje

ajtócsengő
el timbre

ajtó
la puerta

szemetes
el tacho de basura

postaláda
el buzón

kert
el jardín

nappali

el living

fürdőszoba

el baño

konyha

la cocina

hálószoba

el dormitorio

gyerekszoba

el cuarto de los chicos

ebédlő

el comedor

padló
el piso

fal
la pared

plafon
el cielorraso

pince
el sótano

szauna
el sauna

erkély
el balcón

terasz
la terraza

medence
la pileta

fűnyíró
la cortadora de pasto

lepedő
la sábana

ágytakaró
la colcha

ágy
la cama

seprű
la escoba

vödör
el balde

kapcsoló
el interruptor

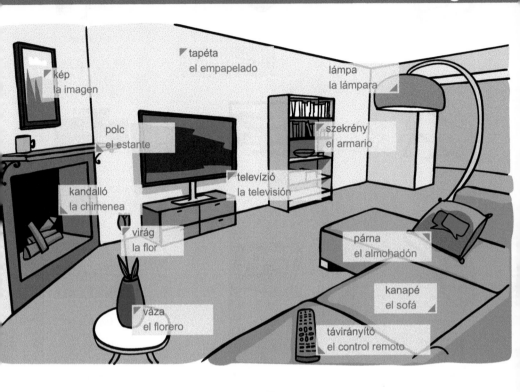

kép
la imagen

tapéta
el empapelado

lámpa
la lámpara

polc
el estante

szekrény
el armario

televízió
la televisión

kandalló
la chimenea

virág
la flor

párna
el almohadón

kanapé
el sofá

váza
el florero

távirányító
el control remoto

szőnyeg

la alfombra

függöny

la cortina

asztal

la mesa

szék

la silla

hintaszék

la mecedora

karosszék

el sillón

könyv

el libro

takaró

la frazada

dekoráció

la decoración

tűzifa

la leña

film

la película

hifi

el equipo de música

kulcs

la llave

újság

el diario

festmény

la pintura

poszter

el póster

rádió

la radio

jegyzetfüzet

el cuaderno

porszívó

la aspiradora

kaktusz

el cactus

gyertya

la vela

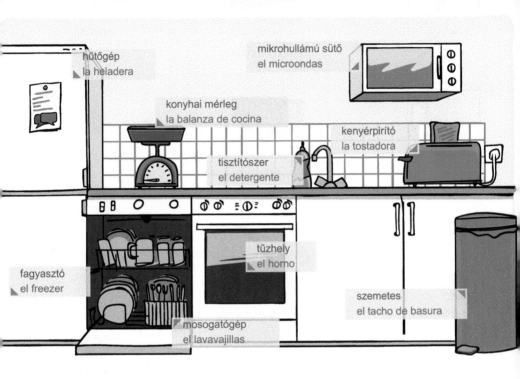

hűtőgép
la heladera

mikrohullámú sütő
el microondas

konyhai mérleg
la balanza de cocina

kenyérpirító
la tostadora

tisztítószer
el detergente

tűzhely
el horno

fagyasztó
el freezer

szemetes
el tacho de basura

mosogatógép
el lavavajillas

tűzhely
....
cocina

edény
....
la olla

vasfazék
....
la olla de hierro fundido

wok / kadai
....
el wok

serpenyő
....
la sartén

vízforraló
....
la pava

páróló

la vaporera

tepsi

la bandeja de horno

étkészlet

la vajilla

bögre

la taza

tálka

el bol

evőpálcika

los palitos

merőkanál

el cucharón

keverőlapátka

la espumadera

habverő

la batidora

szűrő

el colador

szita

el colador

reszelő

el rallador

mozsár

el mortero

grillsütő

la parrilla

kandalló

la fogata

vágódeszka

la tabla de picar

sodrófa

el palo de amasar

dugóhúzó

el sacacorchos

doboz

la lata

konzervnyitó

el abrelatas

edényfogó

la manopla

mosogató

la pileta

kefe

el cepillo

szivacs

la esponja

turmixgép

la batidora

mélyhűtő

el congelador

cumisüveg

la mamadera

csap

la canilla

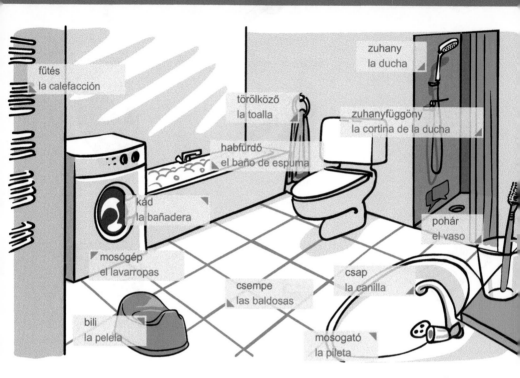

fűtés
la calefacción

zuhany
la ducha

törölköző
la toalla

zuhanyfüggöny
la cortina de la ducha

habfürdő
el baño de espuma

kád
la bañadera

pohár
el vaso

mosógép
el lavarropas

csempe
las baldosas

csap
la canilla

bili
la pelela

mosogató
la pileta

toalett
el inodoro

guggolós toalett
la letrina

bidé
el bidé

piszoár
el mingitorio

toalett papír
el papel higiénico

wc kefe
el cepillo para el inodoro

fogkefe

el cepillo de dientes

fogkrém

el dentífrico

fogselyem

el hilo dental

mosni

lavar

kézi zuhany

la ducha de mano

intimzuhany

la ducha higiénica

mosdótál

la palangana

hátmosó kefe

el cepillo para la espalda

szappan

el jabón

tusfürdő

el gel de ducha

sampon

el champú

mosdókesztyű

la toallita

lefolyó

el desagüe

krém

la crema

dezodor

el desodorante

tükör

el espejo

kézitükör

el espejito

borotva

la maquinita de afeitar

borotvahab

la espuma de afeitar

borotválkozás utáni
arcszesz
la loción para después de
afeitarse

fésű

el peine

hajkefe

el cepillo

hajszárító

el secador de pelo

hajlakk

el spray

smink

el maquillaje

ajakrúzs

el lápiz de labios

körömlakk

el esmalte para uñas

vatta

el algodón

körömvágó olló

la tijera para uñas

parfüm

el perfume

neszesszer

el neceser

sámli

la banqueta

mérleg

la balanza

köntös

la bata

gumikesztyű

los guantes de goma

tampon

el tampón

egészségügyi betét

la toallita femenina

vegyi WC

el baño químico

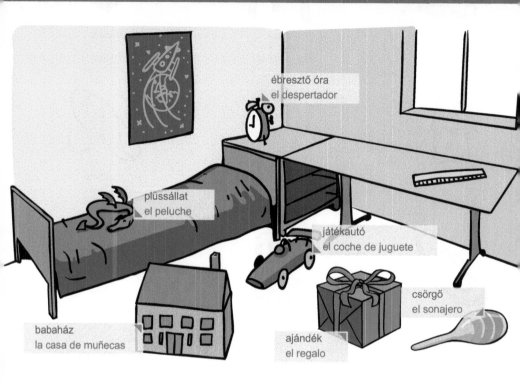

gyerekszoba

el cuarto de los chicos

ébresztő óra
el despertador

plüssállat
el peluche

játékautó
el coche de juguete

csörgő
el sonajero

babaház
la casa de muñecas

ajándék
el regalo

lufi

el globo

ágy

la cama

babakocsi

el cochecito

kártyapakli

las cartas

kirakós játék

el rompecabezas

képregény

la historieta

építőkockák

las piezas de lego

építőelem

los ladrillos de juguete

szuperhős

la figura de acción

rugdalózó

el enterito de bebé

frizbi

el frisbee

zenélő forgó

el móvil para bebés

társasjáték

el juego de mesa

kocka

los dados

modellvasút

el tren eléctrico

cumi

el maniquí

zsúr

la fiesta

képeskönyv

el libro de cuentos ilustrado

labda

la pelota

baba

la muñeca

játszani

jugar

homokozó

el arenero

hinta

la hamaca

játékok

los juguetes

videójáték konzol

la consola de videojuegos

tricikli

el triciclo

teddi maci

el osito de peluche

ruhásszekrény

el ropero

ruházat
la ropa

zokni

las medias

harisnya

las medias panty

harisnyanadrág

las calzas

sál
la bufanda

esernyő
el paraguas

póló
la remera

öv
el cinturón

csizma
las botas

papucs
las pantuflas

tornacipő
las zapatillas

szandál

las sandalias

cipő

los zapatos

gumicsizma

las botas de goma

alsónadrág

la ropa interior

melltartó

el corpiño

mellény

el chaleco

body

el body

nadrág

los pantalones

farmer

los jeans

szoknya

la pollera

blúz

la blusa

ing

la camisa

pulóver

el pulóver

kapucnis pulóver

el buzo con capucha

blézer

el blazer

dzseki

la campera

kabát

el tapado

esőkabát

el piloto

kosztüm

el traje

ruha

el vestido

esküvői ruha

el vestido de novia

öltöny
el traje

hálóing
el camisón

pizsama
el pijama

szári
el sari

fejkendő
el pañuelo para la cabeza

turbán
el turbante

burka
la burka

kaftán
el caftán

abaya
la abaya

fürdőruha
el traje de baño

fürdőnadrág
el short de baño

rövidnadrág
los shorts

tréningruha
el jogging

kötény
el delantal

kesztyű
los guantes

gomb

el botón

szemüveg

los anteojos

karkötő

la pulsera

nyaklánc

el collar

gyűrű

el anillo

fülbevaló

el aro

sapka

la gorra

vállfa

la percha

kalap

el sombrero

nyakkendő

la corbata

cipzár

el cierre

bukósisak

el casco

nadrágtartó

los tiradores

iskolai egyenruha

el uniforme escolar

egyenruha

el uniforme

előke
....
el babero

cumi
....
el maniquí

pelenka
....
el pañal

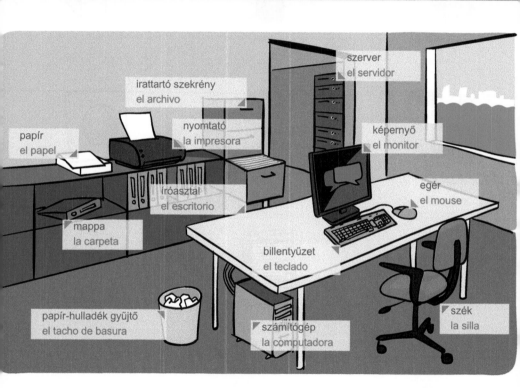

szerver
el servidor

irattartó szekrény
el archivo

nyomtató
la impresora

papír
el papel

képernyő
el monitor

íróasztal
el escritorio

egér
el mouse

mappa
la carpeta

billentyűzet
el teclado

papír-hulladék gyűjtő
el tacho de basura

szék
la silla

számítógép
la computadora

kávéscsésze
....
la taza de café

számológép
....
la calculadora

internet
....
el internet

laptop

la laptop

levél

la carta

üzenet

el mensaje

mobiltelefon

el celular

hálózat

la red

fénymásoló

la fotocopiadora

szoftver

el software

telefon

el teléfono

konnektor

el tomacorriente

faxgép

el fax

formanyomtatvány

el formulario

dokumentum

el documento

venni

comprar

fizetni

pagar

kereskedni

hacer negocios

pénz

el dinero

USD

dollár

el dólar

EUR

euró

el euro

JPY

jen

el yen

RUB

rubel

el rublo

CHF

svájci frank

el franco suizo

CNY

kínai jüan

el yuan

INR

rúpia

la rupia

bankautomata

el cajero automático

valutaváltó iroda

la casa de cambio

arany

el oro

ezüst

la plata

olaj

el petróleo

energia

la energía

ár

el precio

szerződés

el contrato

adó

el impuesto

részvény

la acción

dolgozni

trabajar

munkavállaló

el empleado

munkaadó

el empleador

gyár

la fábrica

üzlet

el negocio

rendőr
el policía

tűzoltó
el bombero

szakács
el cocinero

orvos
el médico

pilóta
el piloto

kertész

el jardinero

kárpitos

el carpintero

varrónő

la modista

bíró

el juez

vegyész

el farmacéutico

színész

el actor

buszsofőr

el colectivero

taxisofőr

el taxista

halász

el pescador

bejárónő

la mucama

tetőfedő

el techista

pincér

el mozo

vadász

el cazador

festő

el pintor

pék

el panadero

villanyszerelő

el electricista

építőmunkás

el albañil

mérnök

el ingeniero

hentes

el carnicero

vízvezeték-szerelő

el plomero

postás

el cartero

katona

el soldado

építész

el arquitecto

eladó

el cajero

virágos

el florista

fodrász

el peluquero

kalauz

el cobrador

műszerész

el mecánico

kapitány

el capitán

fogorvos

el dentista

tudós

el científico

rabbi

el rabino

imám

el imán

szerzetes

el monje

lelkész

el sacerdote

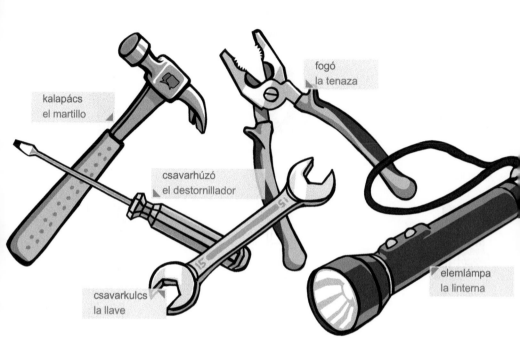

kalapács
el martillo

fogó
la tenaza

csavarhúzó
el destornillador

csavarkulcs
la llave

elemlámpa
la linterna

markológép
la excavadora

szerszámosláda
la caja de herramientas

vödör
la escalera portátil

fűrész
la sierra

szög
los clavos

fúrógép
el taladro

megjavítani
arreglar

lapát
la pala de jardín

A francba!
¡Qué bronca!

szemétlapát
la pala de plástico

festékesdoboz
el tacho de pintura

csavar
los tornillos

hangszerek
los instrumentos musicales

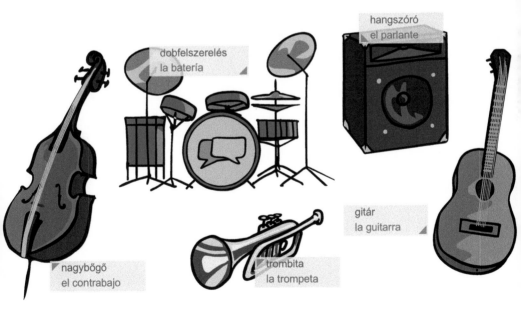

dobfelszerelés
la batería

hangszóró
el parlante

gitár
la guitarra

nagybőgő
el contrabajo

trombita
la trompeta

zongora

el piano

hegedű

el violín

basszusgitár

el bajo

üstdob

los timbales

dobok

el tambor

digitális zongora

el teclado

szaxofon

el saxofón

fuvola

la flauta

mikrofon

el micrófono

tigris
el tigre

bejárat
la entrada

kalitka
la jaula

zebra
la cebra

állateledel
el alimento para animales

panda
el oso panda

állatok	elefánt	kenguru
los animales	el elefante	el canguro

orrszarvú	gorilla	medve
el rinoceronte	el gorila	el oso

teve
el camello

strucc
el avestruz

oroszlán
el león

majom
el mono

flamingó
el flamenco

papagáj
el loro

jegesmedve
el oso polar

pingvin
el pingüino

cápa
el tiburón

páva
el pavo real

kígyó
la serpiente

krokodil
el cocodrilo

állatgondozó
el cuidador del zoológico

fóka
la foca

jaguár
el jaguar

póniló
el poni

leopárd
el leopardo

víziló
el hipopótamo

zsiráf
la jirafa

sas
el águila

vaddisznó
el jabalí

hal
el pescado

teknős
la tortuga

rozmár
la morsa

róka
el zorro

gazella
la gacela

állatkert - el zoológico

amerikai futball
el fútbol americano

kerékpározás
el ciclismo

tenisz
el tenis

kosárlabda
el básquet

úszás
la natación

boksz
el boxeo

jégkorong
el hockey sobre hielo

futball
el fútbol

tollas
el bádminton

atlétika
el atletismo

kézilabda
el handball

síelés
el esquí

lovaspóló
el polo

nevetni
reír

ugrani
saltar

ölelni
abrazar

sétálni
caminar

énekelni
cantar

álmodni
soñar

dicsérni
rezar

csókolni
besar

írni
escribir

rajzolni
dibujar

mutatni
mostrar

tolni
presionar

adni
dar

vinni
tomar

birtokolni

tener

csinálni

hacer

lenni

ser

állni

estar parado

futni

correr

húzni

tirar

hajít

tirar

esni

caer

hazudni

estar acostado

várni

esperar

vinni

llevar

ülni

estar sentado

felvenni

vestirse

aludni

dormir

felébredni

despertar

ránézni

mirar

sírni

llorar

simogat

acariciar

fésülni

peinar

beszélni

hablar

megérteni

entender

kérdezni

preguntar

hallgatni

escuchar

inni

beber

enni

comer

takarítani

ordenar

szeretni

amar

főzni

cocinar

vezetni

manejar

szállni

volar

vitorlázni

navegar

számol

calcular

olvasni

leer

tanulni

aprender

dolgozni

trabajar

házasodni

casarse

varrni

coser

fogat mosni

cepillarse los dientes

ölni

matar

dohányozni

fumar

küldeni

enviar

nagymama
la abuela

nagypapa
el abuelo

apa
el padre

anya
la madre

kisbaba
el bebé

lány
la hija

fiú
el hijo

vendég

el invitado

nagynéni

la tía

nagybácsi

el tío

fiútestvér

el hermano

lánytestvér

la hermana

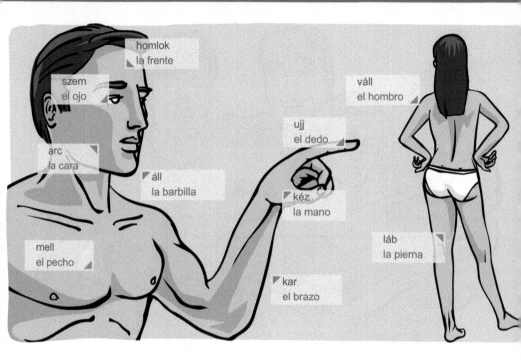

homlok
la frente

szem
el ojo

váll
el hombro

arc
la cara

ujj
el dedo

áll
la barbilla

kéz
la mano

mell
el pecho

láb
la pierna

kar
el brazo

kisbaba

el bebé

ember

el hombre

nő

la mujer

lány

la nena

fiú

el nene

fej

la cabeza

hát

la espalda

has

la barriga

köldök

el ombligo

lábujj

el dedo del pie

sarok

el talón

csont

el hueso

csípő

la cadera

térd

la rodilla

könyök

el codo

orr

la nariz

fenék

el trasero

bőr

la piel

orca

la mejilla

fül

la oreja

ajak

el labio

száj

la boca

fog

el diente

nyelv

la lengua

agy

el cerebro

szív

el corazón

izom

el músculo

tüdő

el pulmón

máj

el hígado

gyomor

el estómago

vese

los riñones

szex

el sexo

kondom

el preservativo

petesejt

el óvulo

sperma

el semen

terhesség

el embarazo

menstruáció

la menstruación

vagina

la vagina

pénisz

el pene

szemöldök

la ceja

haj

el pelo

nyak

el cuello

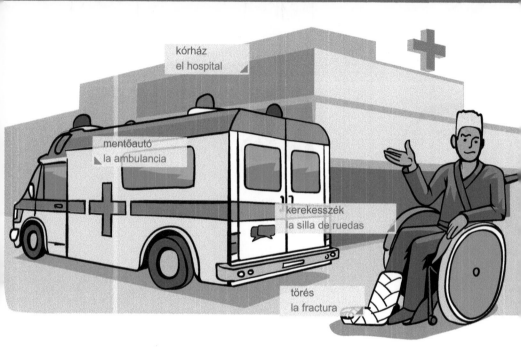

kórház
el hospital

mentőautó
la ambulancia

kerekesszék
la silla de ruedas

törés
la fractura

orvos

el médico

sürgősségi osztály

la sala de guardia

ápoló

la enfermera

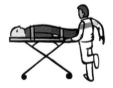

vészhelyzet

la emergencia

eszméletlen

inconsciente

fájdalom

el dolor

sérülés

la lesión

vérzés

la hemorragia

szívroham

el infarto

szélütés

el ACV

allergia

la alergia

köhögés

la tos

láz

la fiebre

influenza

la gripe

hasmenés

la diarrea

fejfájás

el dolor de cabeza

rák

el cáncer

cukorbetegség

la diabetes

sebész

el cirujano

szike

el bisturí

műtét

la operación

CT
la TC

röntgen
los rayos x

ultrahang
la ecografía

arcmaszk
la mascarilla

betegség
la enfermedad

váróterem
la sala de espera

mankó
la muleta

sebtapasz
la curita

kötszer
la venda

injekció
la inyección

sztetoszkóp
el estetoscopio

hordágy
la camilla

klinikai hőmérő
el termómetro

születés
el nacimiento

túlsúly
el sobrepeso

hallókészülék

el audífono

fertőtlenítőszer

el desinfectante

fertőzés

la infección

vírus

el virus

HIV/AIDS

el VIH / SIDA

orvosság

el remedio

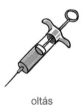

oltás

la vacunación

tabletták

los comprimidos

tabletta

la pastilla anticonceptiva

sürgősségi hívás

el llamado de emergencia

vérnyomásmérő

el tensiómetro

betegség / egészség

enfermo / sano

Segítség!

¡Auxilio!

riasztás

la alarma

rajtaütés

la agresión

támadás

el ataque

veszély

el peligro

vészkijárat

la salida de emergencia

tűz!

tűzoltókészülék

el extintor

baleset

el accidente

elsősegélycsomag

el botiquín de primeros auxilios

SOS

SOS

rendőrség

la policía

Európa

Europa

Észak-Amerika

América del Norte

Dél-Amerika

América del Sur

Afrika

África

Ázsia

Asia

Ausztrália

Australia

Atlanti-óceán

el Atlántico

Csendes-óceán

el Pacífico

Indiai-óceán

el Océano Índico

Déli-óceán

el Océano Antártico

Jeges-tenger

el Océano Ártico

Északi-sark

el polo norte

Déli-sark

el polo sur

Antarktisz

la Antártida

föld

la Tierra

szárazföld

la tierra

tenger

el mar

sziget

la isla

nemzet

la nación

állam

el estado

számlap

la esfera

kismutató

la manecilla de las horas

nagymutató

el minutero

másodpercmutató

el segundero

Mennyi az idő?

¿Qué hora es?

nap

el día

idő

la hora

most

ahora

digitális óra

el reloj digital

perc

el minuto

óra

la hora

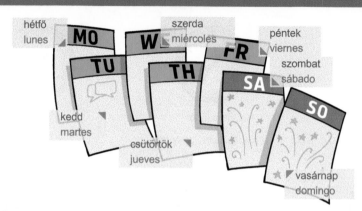

hétfő / lunes — MO
szerda / miércoles — W
péntek / viernes — FR
szombat / sábado — SA
kedd / martes — TU
csütörtök / jueves — TH
vasárnap / domingo — SO

tegnap
ayer

ma
hoy

holnap
mañana

reggel
la mañana

dél
el mediodía

este
la tarde

MO	TU	WE	TH	FR	SA	SU
1	2	3	4	5	6	7
8	9	10	11	12	13	14
15	16	17	18	19	20	21
22	23	24	25	26	27	28
29	30	31	1	2	3	4

hétköznap
los días hábiles

MO	TU	WE	TH	FR	SA	SU
1	2	3	4	5	6	7
8	9	10	11	12	13	14
15	16	17	18	19	20	21
22	23	24	25	26	27	28
29	30	31	1	2	3	4

hétvége
el fin de semana

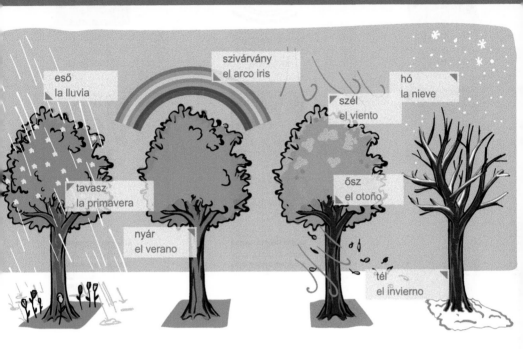

eső
la lluvia

szivárvány
el arco iris

hó
la nieve

szél
el viento

tavasz
la primavera

nyár
el verano

ősz
el otoño

tél
el invierno

időjárás előrejelzés

el pronóstico meteorológico

hőmérő

el termómetro

napsütés

la luz del sol

felhő

la nube

köd

la niebla

páratartalom

la humedad

villámlás

el rayo

mennydörgés

el trueno

vihar

la tormenta

jégeső

el granizo

monszun

el monzón

áradás

la inundación

jég

el hielo

január

enero

február

febrero

március

marzo

április

abril

május

mayo

június

junio

július

julio

augusztus

agosto

szeptember

septiembre

október

octubre

november

noviembre

december

diciembre

kör

el círculo

négyzet

el cuadrado

téglalap

el rectángulo

háromszög

el triángulo

gömb

la esfera

kocka

el cubo

fehér

blanco

sárga

amarillo

narancs

naranja

rózsaszín

rosa

piros

rojo

lila

violeta

kék

azul

zöld

verde

barna

marrón

szürke

gris

fekete

negro

sok / kevés

mucho / poco

mérges / nyugodt

enojado / tranquilo

szép / csúnya

lindo / feo

kezdet / vég

el principio / el fin

nagy / kicsi

grande / chico

világos / sötét

claro / oscuro

fivér / nővér

el hermano / la hermana

tiszta / koszos

limpio / sucio

teljes / nem teljes

completo / incompleto

nappal / éjszaka

el día / la noche

halott / élő

muerto / vivo

széles / keskeny

ancho / angosto

ehető / nem ehető

comestible / no comestible

gonosz / kedves

malo / amable

izgatott / unott

entusiasmado / aburrido

kövér / vékony

gordo / flaco

első / utolsó

primero / último

barát / ellenség

el amigo / el enemigo

teli / üres

lleno / vacío

kemény / puha

duro / blando

nehéz / könnyű

pesado / liviano

éhség / szomjúság

el hambre / la sed

betegség / egészség

enfermo / sano

illegális / legális

ilegal / legal

intelligens / buta

inteligente / estúpido

bal / jobb

izquierda / derecha

közel / távol

cerca / lejos

új / használt	semmi / valami	idős / fiatal
nuevo / usado	nada / algo	viejo / joven

be / ki	nyitva / zárva	csendes / hangos
encendido / apagado	abierto / cerrado	silencioso / ruidoso

gazdag / szegény	helyes / helytelen	érdes / sima
rico / pobre	correcto / incorrecto	áspero / suave

szomorú / vidám	rövid / hosszú	lassú / gyors
triste / contento	corto / largo	lento / rápido

nedves / száraz	meleg / hideg	háború / béke
mojado / seco	caliente / frío	guerra / paz

0

nulla

cero

1

egy

uno

2

kettő

dos

3

három

tres

4

négy

cuatro

5

öt

cinco

6

hat

seis

7

hét

siete

8

nyolc

ocho

9

kilenc

nueve

10

tíz

diez

11

tizenegy

once

12
tizenkettő

doce

13
tizenhárom

trece

14
tizennégy

catorce

15
tizenöt

quince

16
tizenhat

dieciséis

17
tizenhét

diecisiete

18
tizennyolc

dieciocho

19
tizenkilenc

diecinueve

20
húsz

veinte

100
száz

cien

1.000
ezer

mil

1.000.000
millió

el millón

angol	amerikai angol	mandarin kínai
el inglés	el inglés americano	el chino mandarín

hindi	spanyol	francia
el hindi	el español	el francés

arab	orosz	portugál
el árabe	el ruso	el portugués

bengáli	német	japán
el bengalí	el alemán	el japonés

én
yo

te
tú

ő
él / ella

mi
nosotros

ti
ustedes

ők
ellos

ki?
¿quién?

mi?
¿qué?

hogyan?
¿cómo?

hol?
¿dónde?

mikor?
¿cuándo?

név
el nombre

mögött

detrás

benne

en

előtte

adelante de

felette

por encima de

rajta

sobre

alatta

debajo de

mellett

al lado de

között

entre

hely

el lugar